Eduard Boehmer

Die provenzalische Poesie der Gegenwart

Eduard Boehmer

Die provenzalische Poesie der Gegenwart

ISBN/EAN: 9783744612852

Hergestellt in Europa, USA, Kanada, Australien, Japan

Cover: Foto ©Thomas Meinert / pixelio.de

Weitere Bücher finden Sie auf **www.hansebooks.com**

Die

Provenzalische Poesie

der Gegenwart.

Die

Provenzalische Poesie

der Gegenwart.

Von

Dr. Eduard Boehmer,

ord. Professor der romanischen Sprachen an der Universität
Halle.

Halle,

Verlag von G. Emil Barthel.

1870.

Während Deutschland, staatlich ungeeint oder gar veruneint, doch die Einheit der Nationalität besitzt, hat Frankreich eine feste staatliche, aber keineswegs eine nationale Einheit. Denn die Nationalität ist an der Sprache zu erkennen.[1] Die Muttersprache der Süddeutschen wie die der Norddeutschen ist bekanntlich dieselbe deutsche Sprache, dagegen auf dem Boden Frankreichs ist die französische Sprache nur die überwiegende, und mehr als der dritte Theil der Bevölkerung hat andere Muttersprachen.

Es lag begreiflicherweise durchaus nicht im Interesse französischer Politik, diesen Umstand möglichst genau zu erörtern; sie glaubte ihn sogar thunlichst unbeachtet lassen zu sollen. Noch auf dem statistischen Congress zu London 1860, als auf's Neue angeregt wurde, auch zu ermitteln, wie gross in jedem Staate die Anzahl der Angehörigen der verschiedenen Nationalitäten sei, und der Präsident darauf hinwies, dass eine solche Feststellung erhebliches Licht werfen könne auf den Grad der Assimilation mehr oder weniger neu erworbener Provinzen, wie z. B., wenn er recht unterrichtet sei, im Elsass noch viel Deutsch gesprochen werde, und in der Bretagne noch Bretonisch, da erklärte der französische Delegirte: Wir nehmen

nicht an, dass man in Frankreich nicht Französisch
spreche. Es gebe allerdings noch eine kleine Anzahl Leute, besonders auf dem Lande, die lieber
Deutsch sprächen, aber dieselben sprächen doch,
wenn es nöthig sei, auch Französisch.[2] Dieser
officiellen Auffassung wird dort zwar mitunter auch
an hervorragender Stelle öffentlich widersprochen,[3]
aber die Ermittelung der Sprachstatistik Frankreichs ist von den Behörden bisher grundsätzlich
vermieden worden. Gleichwohl lassen sich appro-
ximative Schätzungen anstellen. Die Staatsangehö-
rigen Frankreichs, des festländischen, ungerechnet
Corsica und die Colonien, betragen $37\frac{1}{2}$ Millionen.
Nicht französischer Muttersprache sind von denselben (abgesehen von den Juden) in annähernden
Zahlen anderthalb Millionen Basken und Kelten,
anderthalb Millionen Germanen und zehn Millionen
Provenzalen.[4] Das Gebiet, welches die Provenzalen
bewohnen, mag wohl zwei Fünftel des Flächen-
raumes von ganz Frankreich ausmachen. Die un-
gefähre Grenze zwischen dem Französischen und
dem Provenzalischen würde jetzt eine Linie bilden,
die von der Girondemündung über den Puy de
Dome nach Grenoble liefe.[5] Dies ist bei unsern
liebenswürdigen Nachbarn jenseit der Ardennen
eine Mainlinie, die ein unvergleichlich älteres Recht
hat als die künstliche innerdeutsche neuesten
Datums, und viel tiefer einschneidet als jener Neben-
fluss des deutschen Rheins.

Es ist eine weit verbreitete Annahme, die sogar
in Südfrankreich durch die Schulen Boden gewonnen
hat, dass die jetzt dort gesprochene Sprache nichts

Anderes sei als ein Patois des Französischen. Das
ist etwa ebenso richtig, wie wenn wir das Dänische
für Plattdeutsch erklären wollten. Ein Pariser
Sprachforscher, der in der alten französischen Literatur Studien gemacht hat, sagte mir, als wir auf
die neuprovenzalische zu sprechen kamen: es ist
französisch, mit neuen Endungen. Lieber würde
ich etwa sagen, antwortete ich: Französisch und
Provenzalisch sind beide Lateinisch ohne Endungen.

Wenn das Provenzalische ein Patois des Französischen ist, so sind auch Spanisch und Italienisch
französische Patois. Lässt man aber Italienisch,
Spanisch, Französisch als drei Sprachen gelten,
so ist das Provenzalische eine vierte. In dem Verhältniss, in welchem das Neufranzösische zum Alt-
französischen steht, in demselben steht seinerseits
auch das Neuprovenzalische zum Altprovenzalischen,
und die beiden Entwicklungsreihen, soweit zurück
wir sie verfolgen können, laufen parallel. Auch
ist es früher wohl Niemandem eingefallen, zu behaupten, die Sprache, in welcher Bertran de Born's
gewaltige Lieder gedichtet sind, sei nur ein Patois
der französischen Sprache, die sein Zeitgenoss
Chrestien de Troies redete. Ganz ebensowenig ist
die Literatur, die jetzt in der Sprache der Troubadours blüht, in einem französischen Patois ver-
fasst. Das Provenzalische also darf sich nach seiner
sprachlichen Eigenthümlichkeit und mit seiner nun
fast tausendjährigen literarischen Existenz dem
Französischen, sowie den andern grossen romanischen Schwestern, dem Italienischen, dem Spanischen, dem Portugiesischen, als ebenbürtig stolz

1*

an die Seite stellen. Es ist klangvoll, zierlich, süss, wie keine andre Sprache dieser Familie, und dabei voll elastischer Kraft. Dieselbe Stellung, wie das Provenzalische in Frankreich, nimmt in Spanien das Catalanische ein. Das Catalanische und, wie ich nach altem Brauch die Sprache Südfrankreichs hier genannt habe, das Provenzalische sind Dialekte einer einzigen Sprache, der occitanischen oder Langue d'oc.[6] Das Gefühl der, einst auch staatlichen, Zusammengehörigkeit ist 1868 durch öffentliche Festlichkeiten kundgethan und gesteigert worden, zu denen das eine Mal provenzalische Troubadours nach Barcelona zogen, das andre Mal catalanische nach der Provence.[7] Auf das Lebenvollste ist die Reise der Vertreter der Provence[8] nach Catalonien geschildert worden von der leichten vielgewandten Feder des Dichters Louis Roumieux zu Bèu‑caire (frz. Beaucaire).[9] Wie sehr die Catalanen und ihre Sprachgenossen auf der Pyrenäenhalbinsel wünschen, der spanischen Centralregierung, obgleich Prim ein Catalane ist, nur das Wenigstmögliche von Macht zuzugestehen, haben wir noch jüngst daraus ersehen können, dass nirgend in Spanien die Föderativrepublicaner einen so zähen Widerstand geleistet haben als in den occitanischen Landschaften, namentlich in Valencia. Wurde doch auch in öffentlichen Versammlungen der Plan debattirt, die vier catalanischen Provinzen mit Barcelona als Hauptstadt von Spanien abzulösen.

Dem Land der Rhone und Garonne seine Selbständigkeit zu nehmen, ist der vereinten Macht der Päpste und der französischen Könige gelungen.

Nach den Albigenserkriegen gelangte das Scepter
der Poesie vom Gallischen Boden, wo Provenzalen
und Franzosen es gemeinsam geführt, nach Italien,
dann übernahmen Spanien und Portugal die Hege-
monie in der romanischen Dichtkunst, dann über-
flügelte die französische Muse alle andern, — der
Gesang der Troubadours ward nicht mehr vernom-
men. Zwar fehlte es der Sprache Südfrankreichs
nie an Dichtern,[10] aber mit ihren Kunstgenossen
von verdientem europäischen Ruf konnten sie sich
nicht messen. Erst in neuester Zeit hat die provenzalische Poesie wieder den alten Ehrenplatz ein-
genommen.

Den ersten, die ganze Bevölkerung Südfrankreichs ergreifenden Aufschwung gab die Gascogne,
der Dialekt von Henri IV. Seit 1825 veröffent-
lichte ein Coiffeur zu Agen Gedichte, die er unter
dem Titel Haarwickel, Papillotos, in ein Bändchen
vereinigt hat, das jetzt in mehr als 20,000 Exem-
plaren verbreitet ist.[11] Jansemin, oder, wie die
Franzosen ihn nennen, Jasmin, wurde der Stolz
Südfrankreichs, und seine Reisen durch dasselbe
waren Triumphzüge. Auch Paris ward aufmerk-
sam; der Literarhistoriker Sainte-Beuve schrieb
einen bewundernden Artikel über ihn und bezeichnete ihn als den Manzoni languedocien; 1852 er-
theilte ihm selbst die französische Akademie den
grossen Preis und eine für ihn geschlagene Medaille
du poète moral et populaire, wie Villemain ihn
nannte, der feine Kenner französischer Literatur,
der den Bericht erstattete. Ruhmbedeckt ist er
1864 gestorben.[12]

Dem Haarkräusler von Agen reichte brüderlich
die Hand der Marquis de la Fare-Alais, der in
feinem Stil die Mundart der Cevennen zu dichte-
rischer Anwendung brachte.[13]

Aber die reichste Blüthe trieb die occitanische
Poesie an der untern Rhone in der herrlichen
Ebene, die man vom Palast zu Avignon überschaut,
nördlich der Mont Ventoux, südlich die zackigen
Alpinen, vor denen Saint Rémy, hinter denen Arles
liegt. Hier in der eigentlichen Provence und im
Comtat hat sich ein förmlicher Dichterbund gebildet,
der sich die Pflege provenzalischer Literatur und
dadurch nationalen Sinnes zur Aufgabe gemacht
hat. Der Patriarch in diesem Kreise ist José
Roumanille, Sohn eines Gärtners zu San Roumié
(frz. Saint Rémy). Der Schriftstellerei in der Volkssprache gewann ihn Esperit Requien, ein grosser
Enthusiast für dieselbe und Sammler alles Dahin-
einschlagenden. So dichtete ich, sagte mir Roumanille, ohne viel zu wissen was ich damit an-
regte. Erst Lehrer, dann in einer Druckerei
beschäftigt, ist er jetzt Buchhändler in Avignon,
ein Mann von anmuthiger Würde und voll Humor.
Schon früher als Dichter an die Oeffentlichkeit
getreten, geisselte er 1848 und in den folgenden
Jahren die wüsten Revolutionsphantasieen und andere schwache Seiten seiner Zeit in köstlichen
kleinen Erzählungen und Gesprächen; seine Prosa
ist ein Muster edler volksthümlicher Darstellung
Sehr glücklich nachgebildet und ausgeführt hat er
das „Ständchen" eines deutschen Dichters, der die
„seligen Provenzer Thale" und die Dame von Fayel

und den Troubadour, dem nie mehr als die Hälfte
seines Geistes nöthig war, uns Allen so vertraut
gemacht hat.

Das Feld nun, das der Spaten des Gärtner-
sohnes von San Roumié wieder urbar zu machen
anfing, ist jetzt reich an duftenden Blumen und
saftigen Früchten. Ich darf nicht unterlassen,
einige wenige Proben mitzutheilen. Zunächst ein
paar Gedichte von Roumanille, freilich in einer
Uebersetzung, die keinen weitern Anspruch macht,
als den, möglichst treu sowohl den Sinn wie auch
Versmass und Reim des Originals wiederzugeben.
Zuvörderst „die Krippen,"[14] 1851 entstanden zur
Einweihung der ersten Kinderbewahranstalt in
Avignon.[15] Auch französische Literarhistoriker wie
Sainte-Beuve und Saint-René Taillandier hoben
dies Gedicht mit besonderen Lobsprüchen hervor.[16]

Aus der Serafe hoher Schaar,
   die Gott schuf, dass sie immerdar
sängen, von Lieb' erfüllt: Ehre dem Vater! Ehre!
   bei allem Paradiesesglück
zog Einer, abgewandt vom frohen Sängerheere,
   nachdenklich oftmals sich zurück.

Und seine Stirn, schneeweiss, — sie trübten keine Mängel, —
senkt sich zur Erde hin, wie, wenn's an Thau gebricht,
   die matte Blum' auf welkem Stengel.

Könnte das Herz sich je im ew'gen Himmelslicht
   langweilen, so bezweifl' ich nicht:
   es langweilt sich der schöne Engel.

Worüber träumt er wohl an abgelegnem Ort?
   Weshalb entzieht er sich dem Reigen?
   Schweigsam warum nur mag er dort,
als büsst' er ein Vergehn, das Haupt zu Boden, neigen?

Und seht, da kniet er hin den Füssen Gottes nah!
      Was will er thun? Was wird er sprechen?
      Ganz Ohr und Auge, unterbrechen
      die Brüder ihr Hallelujah.

      „Als Deinen Sohn die Kälte schreckte
      zu Bethlehem im Stall so arm,
      als er da weint' im jungen Harm,
      mein Lächeln war's, das Trost ihm weckte,
      mein Flügel, der ihn sorglich deckte,
      von meinem Hauche wurd' er warm.

Seit jener Zeit, mein Gott, — hör' ich ein Kindlein weinen,
zu meinem Herzen dringt's und ruft Barmherzigkeit!
Das ist's warum ich jetzt schwermüthig muss erscheinen,
deshalb, Herr, wandl' ich hier so traurig allezeit.

Zur Erde, o mein Gott, möcht ich aufs Neue nieder!
      Dort wirklich muss etwas geschehn!
Der armen Milchlämmlein hab ich gar viel gesehn,
die, fast erfroren schon, elendiglich vergehn!
Fort ist der Mutter Brust, fort Küsse, Schlummerlieder!
Ach, warme Stuben schafft! Darauf nun will ich sehn,
will betten, kosen sie, und hülfreich nahe stehn,
und wiegen treu in Schlaf die kleinen Augenlider.
Statt Einer Mutter nur gern gäb ich zwanzig wieder
zu allem Liebesdienst. Lass hin mich! Das mein Flehn."

Alsbald mit Herz und Hand die Engel applaudiren,
entzückt am Firmament die Sterne musiciren!
Er darf. Das Flügelpaar entfaltet er; genug,
schnell wie der Blitz hinab vollendet ist der Flug.
Mit Blumenflor sieht er die Erd' ihn celebriren,
      und alle Mütter jubiliren!
      und Krippen, seine Stiftung, zieren,
wohin er nur gelangt, des Kinderengels Zug.

      Nun ein Lied im Volkston. Zuerst spricht eine
Braut, am Morgen ihrer Trauung. Der Refrain
nach jedem Verse richtet sich an die vor dem

Hause aufgestellten Hochzeitsmusikanten, die den
Zug in die Kirche geleiten werden.[17]

Hat sich die Ros' erschlossen,
so sei ihr Duft genossen!
Ach! Ach!
Mache mich schmuck, mein Mädchen!
Lanla!
Man wartet schon im Städtchen.
Tambourin, nun auf! auf!
Beginn deinen Lauf!

Komm, Amme, lass den Rocken!
Den Kranz auf meine Locken!
Ach! Ach!
Und spring hinaus, du flinke,
Lanla!
lug' ob der Pfarrer winke.
Tambourin, nun auf! auf!
Beginn deinen Lauf!

Das Kreuz, das Er, mein Leben,
zur Hochzeit mir gegeben!
Ach! Ach!
wie herrlich wird es sitzen
Lanla!
auf einem Tuch von Spitzen!
Tambourin, nun auf! auf!
Beginn deinen Lauf!

Den Hut auf Einem Ohre,
erscheint der Auserkorne.
Ach! Ach!
Erst höfliches Begrüssen,
Lanla!
Dann flugs ein frohes Küssen!
Tambourin, nun auf! auf!
Beginn deinen Lauf!

Grossmutter am Kamine
mit glückverklärter Miene
Ach! Ach!
liest treu vom Buch die Bitten,
Lanla!
und weint, und lacht inmitten.
Tambourin, nun auf! auf!
Beginn deinen Lauf!

Hell stehn die Kerzenpaare
auf Unsrer Fraun Altare.
Ach! Ach!
Lasst uns zur Messe wallen!
Lanla!
Wie schön die Braut vor Allen!
Tambourin, nun auf! auf!
Beginn deinen Lauf!

Roumanille's Krippe erschien zuerst 1852 in einer
Sammlung Li Prouvençalo,[18] zu welcher aus vielen
Gegenden Frankreichs die Söhne der Provence Bei-
träge gesandt hatten, auch ein Mitglied des In-
stitut de France; eingeführt wurde das Büchlein
durch eine warme Vorrede von Saint-René Taillandier, der damals als Professor in Montpellier
lehrte,[19] dann in Paris am Collége de France, jetzt
durch Ollivier in das Unterrichtsministerium als
Generalsecretär und Staatsrath berufen worden ist,
auch uns Deutschen werth durch seine Artikel in
der Revue des deux mondes über unsere literarischen und politischen Verhältnisse, ein entschiedener
Freund des deutschen Berufes Preussens, selbst
1866. In dieser Gedichtsammlung nun erregten
die Aufmerksamkeit neben Roumanille hauptsächlich
Mistral und Aubanel.

Theodor Aubanel, der jetzt gleichfalls als Buchhändler in Avignon lebt, weiss mit wenigen kühnen
Pinselstrichen in grellen Farben ein lebendes Bild
hinzustellen, z. B. den Büttel des 9. Thermidor,
der selbst unter das Beil kommt. In der häufig
düstern Stimmung des Dichters spiegelt sich ein
herbes Geschick: das Mädchen, das er liebte, wurde
Nonne. Am Vorabend der Ausführung ihres Ent-
schlusses entstand ein in seiner Schlichtheit er-
greifendes Gedicht,[20] dessen Gedanken und Form
die folgende Nachbildung wiederzugeben sucht.

In deinem Hause
sonst warst du froh,
und jetzt zur Klause
was eilst du so?
Nichts hält dich länger,
sobald es tagt?
Dein treuer Sänger,
　　er klagt.

Du unsre Wonne —
ein Schicksalsschlag! —
Du, wahre Sonne
für unsern Tag,
willst von den Deinen,
ins Kloster gehn
und lässt in Weinen
　　uns stehn.

Es bangt im Alter
das Vaterherz!
er, dein Erhalter,
vergeht in Schmerz!
Wie ists ihm traurig,
verlassen sein,
und wie so schaurig
　　allein!

Die Frau begraben,
fort geht das Kind,
der Liebe Gaben
schlägts in den Wind.
Hör den Berather:
Bleib bei dem Armen!
Für deinen Vater
Erbarmen!

Im Jahre 1854 gründeten Roumanille und seine
Freunde die Gesellschaft der Felibre, um der
Provence, das heisse: dem ganzen Süden Frankreichs, seine Sprache, seine Sitten, seine nationale
Ehre und seinen Rang auf dem Gebiete der Intelli-
genz und Kunst zu wahren.[21] Die fünfzig Mit-
glieder vertheilen sich in sieben Classen, der Chef
von allen ist Mistral. Jährlich seit 1855 erscheint
bei Roumanille ein Almanach in provenzalischer
Sprache mit Beiträgen der Felibre in Prosa und Versen; er soll jetzt etwa dreissigtausend Leser haben.

Frederic Mistral ist 1830 in der Nähe von San
Roumié auf dem Lande als Sohn eines Grund-
besitzers geboren, und lebt jetzt nahe bei seinem
Geburtshause unter seinen eigenen Cypressen im
Dorf Maiano. Bei ihm wohnt seine Mutter, eine
ehrwürdige intelligente Frau; sie spricht nur provenzalisch, sprechen kann sie das Französische
nicht. Mistral ist rite promovirt zum Bachelier ès
lettres in Montpellier, zum Licencié en droit in
Aix. An einer Schule, die er besuchte, war
Roumanille Lehrer, und, wenngleich er Mistral
nicht Unterricht gab, war er doch ein Anhalt für
ihn. Es war ein idealer Jüngling, eine kräftige
und feine Seele, sagte Roumanille. Durch Mistral

hat Roumanille die von ihm angeregte neuprovenzalische Bewegung zur Höhe der Weltliteratur gehoben gesehn. Es ist dies geschehn durch das Epos Mirèio, 1859 bei Roumanille erschienen, ein Gemälde des provenzalischen Volkslebens am Faden einer Liebesgeschichte.[22]

Der alte Lamartine war in Entzücken, als er Mirèio gelesen, von deren Dichter er nie zuvor gehört hatte. Er verbreitete sich über das Buch in seinen Entretiens von demselben Jahre.[23] „Ja," sagt er, „deine epische Dichtung ist ein Meisterwerk; ich will mehr sagen, es ist nicht aus dem Abendlande, es ist aus dem Morgenland; man möchte glauben, eine Insel des Archipelagos, eine schwimmende Delos, habe von ihrer Gruppe hellenischer oder ionischer Eilande Nachts sich gelöst, und sei hergekommen, sich geräuschlos dem Festland der balsamischen Provence anzuschliessen, mit sich führend einen jener göttlichen Sänger der Familie der Melesigenen. Sei willkommen bei den Sängern dieses Klima! Du gehörst einem andern Himmel und einer andern Sprache, aber du hast mit dir gebracht dein Klima, deine Sprache und deinen Himmel! Wir fragen dich nicht, woher du kommst, noch wer du bist: Du wirst ein Marcellus sein."[24] Lamartine vergleicht den jungen Dichter mit der plötzlich aufbrechenden Blüthe der Provenzer Aloe, und fügt hinzu: aber deines Werkes Duft wird in tausend Jahren nicht vergehn.

1861 wurde Mirèio von der französischen Akademie als ein sehr moralisches Buch durch eine Medaille belohnt.

Die Geschichte ist diese. Mirèio ist die sechs-
zehnjährige Tochter eines wohlhabenden Landwirths
in der Provence. Eines Tages sprechen ein armer
Korbflechter Ambrosi und dessen Sohn Vincenz
dort vor. Auf Wunsch der Arbeiter singt Ambrosi
Erinnerungen vom Seekrieg gegen England. Vincenz
unterhält Mirèio von Diesem und Jenem, von den
heiligen drei Marien, den Patroninnen der Provence,
die in aller Noth beistehen, besonders aber von
einem Wettlauf in Nimes, und das Mädchen sagt
nacher zu ihrer Mutter: mein Leben lang könnt ich
ihm zuhören. Als die Zeit gekommen, wo man für
die Seidenwürmer die Maulbeerblätter einsammelt,
und auch Mirèio landesüblicherweise bei dieser
Arbeit auf einem Baum sitzt, geht Vincenz vor-
über; sie ruft ihn an, er eilt herbei und steigt,
um ihr zu helfen, zu ihr hinauf. Emsig pflücken
sie nun Blätter und stecken sie in dasselbe Säck-
chen. Natürlich nicht schweigsam. Er kommt auf
seine Schwester zu sprechen, vergleicht mit ihr
Mirèio, und zollt dieser seine vollste Bewunderung.
Ein Nest mit Meisen zieht Beider Aufmerksamkeit
an, sie sind beschäftigt mit den Vögelchen, und
im lebhaftesten Gespräch, da bricht der Ast.
Vincenz umschlingt Mirèio und sie fallen weich in
das dichte tiefe Gras. Auf wiederholte besorgte
Fragen des Burschen an das nachdenklicher gewordne
Mädchen kommt endlich heraus was ihr fehlt:
„Willst du's denn wissen, Vincenz? Ich liebe
dich!“ Der arme Korbflechter kann das erst nur
für einen übermüthigen Scherz des reichen Mädchens
halten, der ihm nicht eben gefallen will, doch er

muss glauben, was er nie gewagt haben würde zu hoffen. Die Stimme der Mutter erinnert an die Maulbeerblätter, die Liebenden trennen sich. Der dritte Gesang führt uns in einen Kreis fröhlicher Mädchen, die, mit Ablösung der Cocons von den Zweigen beschäftigt, Luftschlösser baun, wobei denn auch Mirèios Geheimniss errathen wird. Eines der Mädchen singt auf allseitiges Verlangen das Lied von Magali. Es liegt demselben ein Volkslied zu Grunde, das in der Provence und in anderer Fassung in Catalonien beliebt ist,[25] auch in verschiedenen Gegenden Nordfrankreichs vorkommt,[26] ein Zwiegespräch, eine schon bei den alten Troubadours übliche Dichtungsform. Ungeachtet der Schwierigkeit, in mehr als zwanzig Zeilen denselben Reim festzuhalten, ohne sich von dem gegebenen Gedanken zu entfernen, möchte ich nicht darauf verzichten, dasselbe in einem Uebersetzungsversuch vorzulegen.

O Magali! O wollest zeigen
am Fenster mir dein Augenpaar!
Mit Spiel von Tambourin und Geigen
bring ich ein Morgenständchen dar.
    Still ist die Luft, und droben klar
      der Sterne Reigen.
    Sie werden bald erblichen sein
      vor deinem Schein!

„O, nicht mag deinem Liederkranze
mehr als dem Laub mein Ohr ich leihn!
Fort schlüpf ich, hin zum Meeresglanze,
und spiel als Aal am Klippenstein.“

O Magali, willst Fisch du sein
    im Wellentanze,
ich dann, zum Fischer mach ich mich
    und fische dich.

„O nein! denkst du, du seist mein Zwinger
durch deine Netz' und Angelei'n,
flugs ward ich schon ein Lüftesinger
und schwebe frei und froh landein."
    O Magali, und magst du sein
        ein Flügelschwinger,
    zum lustgen Jäger wandl ich mich
        und jage dich.

„Fängst du in wohlgeschlungnen Döhnchen
Rebhühner und Bachstelzen ein,
so trag ich längst ein Blumenkrönchen,
auf weiter Flur bescheiden klein."
    O Magali, und magst du sein
        das Tausendschönchen,
    zum hellen Bächlein wandl ich mich
        und tränke dich.

„Hast du als Bächlein dich gewunden,
Wolke will ich geworden sein,
und nach Amerika zur Stunden
segl ich, du holst mich nimmer ein."
    O Magali, vom Auge mein
        wie fern entschwunden,
    zum Meereswinde mach ich mich
        und trage dich.

„Und machst du dich zum Sturm der Fluthen,
da findest du nur neue Pein,
denn ich ward gegen dein Vermuthen
zum Eiszerschmelzer Sonnenschein."
    O Magali, und magst du sein
        in Sonnengluthen,
    zur grünen Eidechs wandl ich mich
        und trinke dich.

„Und läufst im Busche du auch immer
als Salamander aus und ein,
du machst dir deine Jagd nur schlimmer,
Mond bin ich, aller Zaubrer Schein."
    O Magali, und magst du sein
        der Vollmondschimmer,
      zum zarten Nebel wandl ich mich,
        umwebe dich.

„Und hat der Nebel mich umfangen,
dennoch sollst du mich nimmer frein,
als Rose bin ich dir entgangen,
in Dornen duftend und allein."
    O Magali, und magst du sein
        im Rosenprangen,
      zum Schmetterlinge wandl ich mich
        und küsse dich.

„Nicht wähne, dass er so mich finde,
der vielgewandte Freier mein,
in einer Eiche dichte Rinde
schloss ich im tiefen Forst mich ein."
    O Magali, und magst du sein
        im Waldeskinde,
      zur Epheuranke wandl ich mich
        umschlinge dich.

„Denkst du, nun sei ich dir beschieden,
ein düstrer Baum nur zeigt sich dein,
ich habe wieder dich gemieden,
Sanct Blasius' Zelle nahm mich ein."
    O Magali, und magst du sein
        im Klosterfrieden,
      zum Beichtiger verwandl ich mich
        und höre dich.

„Nein! Wenn du obsiegst dem Verbote
und dringst in unsre Mauern ein,
der Schwestern Sang ist Trauerbote:
man legt mich in den engen Schrein."

O Magali, und magst du sein
die arme Todte,
zur kühlen Erde wandl ich mich,
dann hab ich dich.

„Jetzt glaub ich dirs, und glaub es gerne,
mein schöner Bursch, nicht sprachst du Tand!
Nimm zur Erinnrung in der Ferne
den Glasring hier von meiner Hand."
O Magali! O Liebesband!
Und schau, die Sterne,
seit dich sie sahn, o Magali,
verblichen sie.

Folgen wir weiter der Erzählung. Um Mirèio's
Hand werben nacheinander drei Nebenbuhler. Ein
Schäfer, dessen Heerdenreichthum vor unsern Augen
vorüberzieht, und die Sprache des Dichters in der
ganzen, man möchte sagen: arabischen, Fülle von
Ausdrücken zeigt, so dass Ein Wort die Eigen-
schaft eines Thieres bezeichnet, während die französische Uebersetzung weitläufig umschreiben muss.
Ferner kommt der Besitzer einer Horde jener
wilden Rosse des Rhonedelta, die vom Wagen
Neptuns entronnen zu sein scheinen und nur in
der Meeresluft sich wohl fühlen, — wieder eine
prächtige Schilderung. Endlich Urias, der Stiere-
bändiger. Alle drei werden abgelehnt, der letzte
in etwas spitzer Weise. Auf dem Rückweg begegnet
er Vincenz. Den geflügelten Worten folgt ein
Ringkampf auf Tod und Leben; Urias unterliegt,
wird aber vom edelmüthigen Sieger freigelassen.
Ruchloser Weise schleudert er diesem seinen
Dreizack in die Brust und geht seines Weges. Es
ist die Medardus-Nacht, in welcher die Ertrunkenen

aus dem Rhonegrund auftauchen, nach ihren guten
Werken suchen, die sich in ihren Händen zu Blumen
verwandeln, die den Besitzer hinaufschweben lassen
zum Himmelspförtner. Auch die Kobolde sind los;
die Barke, auf welcher Urias übersetzen will, ver-
sinkt, und der Strom begräbt ihn. Ein schauerlich
phantastisch ausgeführtes Gemälde.

Vincenz wird am andern Morgen gefunden und
fast todt zu Mirèio's Vater getragen. Die Geliebte
bringt ihn zu der in einer Gebirgshöhle hausenden
Zauberin. Es rollt sich ein Bild auf von mancherlei
Volksaberglauben, der sich in der Heimath des
Nostradamus gehalten hat; der Dichter weiss eine
christliche Wendung zu geben. Vom Tode gerettet,
tritt Vincenz mit seiner Mirèio wieder an's Tages-
licht hervor.

Heimgekehrt bewegt er nun seinen Vater, für
ihn um Mirèio zu werben. Die Scene zwischen
den beiden Alten ist vorzüglich geschildert. Ramon
verweigert endlich entrüstet seine Tochter dem
armen Schlucker, und, als sie selbst ihre Liebe
bekennt, erklärt er, sie dürfe Vincenz nie wieder
sehen.

In der Nacht verlässt Mirèio das Haus. Sie
will zu den drei Marien, die Vincenz ihr bei der
ersten Begegnung als mächtige Helferinnen erwähnt
hatte. Man erzählt in der Provence,[27] Maria
Magdalena, Maria Jacobi und Maria Salome seien
nach Jesu Tode von den Juden in ein Boot gesetzt
und den Wogen preisgegeben worden. In der
Provence an's Land getrieben, seien sie dort die
ersten Verkünder des Evangeliums geworden, und

endlich alle drei an einem Ort bestattet, den jetzt die Drei-Marien-Kapelle bezeichnet, am Ufer des Meeres. Mirèio erreicht dieselbe, aber sterbend; der Sonnenbrand auf der dürren weiten Fläche, die sie angstvoll rastlos durcheilt ist, hat ihr Leben aufgezehrt. Ihre Seele, schon der Erde entschwindend, hört, wie die drei Heiligen ihr den Sieg des Kreuzes in der Provence erzählen, und schaut dieselben auf einer Barke in's freie Meer hinausfahren. Sie schliesst ihre Augen in der Kapelle, umgeben von den Ihrigen. Denn Vater und Mutter sind ihrer Spur gefolgt, und Vincenz ist herbeigestürmt, und bedeckt trostlos die Leiche mit seinen Küssen.

Diese im Grunde so einfache Geschichte entwickelt sich mit homerischer Breite langsam, doch ununterbrochen anziehend, in zwölf Gesängen. Die Gemälde provenzalischen Treibens und Glaubens dienen dazu, den Hauptpersonen die eigenthümliche Lebenswärme zu geben. Ungern möchte man irgend Etwas missen.

Ein zweites Epos, gleichfalls in zwölf Gesängen, hat Mistral 1867 herausgegeben: Calendau.[28] Es sind die Erlebnisse eines Fischers, der eine Prinzessin einem Räuberhauptmann abgewinnt. Die Prinzessin ist offenbar die Provence, wo das Ganze wiederum spielt. Die Seele dieses seines geliebten Vaterlandes ruft Mistral zu Anfang an:

> Durch Grösse dessen, was vergangen,
> nährst du in uns ein stolz Verlangen,
> die du im jungen Blut erneuest warm und froh,

trotz Todesnacht und Grabesschollen,
der Ahnenschaar hochsinnig Wollen,
du, die beseelt die Sangesvollen
und brausen liess das Wort des grossen Mirabeau!
Du, allerzeiten unverlorne,
weil heiter kühn stets neugeborne,
die in der Rhone rauscht, mit ihrem Winde zieht,
klangreicher Wälder edlen Standes,
vielbuchtgen sonngen Meeresrandes,
Seele des theuren Vaterlandes,
dich ruf ich! Sei dein Kleid mein provenzalisch Lied.

Diese Strophenform ist die durchgängige der
beiden Epen.[29]

Saint-René Taillandier, der die volksthümliche
Weise Roumanille's mit dem ungetheiltesten Beifall
begleitet, findet nun — dass wir es kurz sagen —:
Mistral sollte eigentlich französisch schreiben, denn
sein Provenzalisch verstehe der gemeine Mann nicht,
und die Sprache des Publicums, das ihn verstehe,
sei die französische.[30] Mistral könnte einfach ant-
worten: Aber das Französische ist nun einmal
nicht meine Sprache. In der That, jener Tadel
gegen Mirèio und Calendau ist kaum anderer Art,
als wenn ein Spanier an dem Sänger der Lusiaden
die Ausstellung machte, dass er nicht spanisch
geschrieben. Es ist zunächst genug, dass Mistral
von seinen Provenzalen verstanden wird. Freilich
nicht von Jedwedem wird er ganz verstanden. Aber
entgeht dem französischen Bauern nichts von der
Légende des siècles Victor Hugo's? „Doch Mistral
erklärt in seiner Mirèio: Wir singen nur für euch, ihr
Hirten und Landleute." Und warum sollte er unter
diesen unverstanden bleiben? Ein Dichter bildet

seine Hörer, die er hinzureissen weiss, und was
sie heute nicht verstehn, das haben sie morgen
gelernt; er bildet auch seine und ihre Sprache
fort, wie jeder grosse Schriftsteller thut, Neues
schaffend, Altes wieder belebend. Eine gebildete
Sprache verdient nicht den Vorwurf einer gemachten
Sprache, der gegen die Dichtungen Mistrals vor-
gebracht worden ist. Man lese, wie Dante, der
Bildner des Italienischen, von seiner täglichen
Arbeit des Rodens und Pflanzens im Sprachwalde
seines Vaterlandes redet. Italien weiss ihm jetzt
Dank dafür, während zu seiner Zeit Wenige waren,
die es nicht für ebenso unwürdig wie unausführbar
hielten, in der Sprache des gemeinen Mannes so
hohe Dinge, wie die göttliche Komödie behandelt,
vortragen zu wollen. Schon Dante, wie er ein den
verschiedenen Dialekten gegenüberstehendes illustres
Italienisch verficht und anwendet, unterscheidet auch
innerhalb des Provenzalischen und des Französischen
eine illustre Sprache von den provinziellen, municipalen, familiären Redeweisen. Und ohne allen
Zweifel war die höfische Sprache der Troubadours
nicht die der ungebildeten Leute. Diese Erinnerungen genügen gegen diejenigen, welche von der
unvertilgbaren Rusticität der provenzalischen Sprache,
die für den hohen Stil nicht geeignet sei, dociren.[31]
Die Lengo d'o ist so salonfähig wie die Langue
d'oui. Und so wenig es auch wünschenswerth erscheinen mag, dass die Wissenschaft, die leider
keine allgemeine Sprache mehr besitzt, durch provenzalisch geschriebene Forschungen bereichert
werde, — die dazu erforderliche Biegsamkeit hat dies

Idiom sicherlich [32] mindestens ebenso sehr als das Holländische, eine plattdeutsche Mundart, die in glücklicher Unabhängigkeit ein reiches Schriftthum jedweder Gattung hervorgebracht hat. Der Originalität aber der Mistralschen Epen thut es keinen Eintrag, dass auch sie dem mächtigen Einfluss französischer formaler Bildung, dem sich heutzutage ein Schriftsteller nirgend entziehen kann, nicht geringen Dank schulden.

Auch die französische Uebersetzung, die der Dichter seinen Epen beigegeben, ist ihm zum Vorwurf ausgeschlagen. Sie ist's, sagt jener französische Kritiker, welche bewirkt hat, dass Mirèio von Paris aus den Provenzalen empfohlen worden ist; er fügt hinzu: hätte der junge Dichter nicht den Ehrgeiz haben sollen, nach dem umgekehrten Erfolg zu streben? Indessen ist die Uebersetzung doch nur eine erlaubte Kriegslist, durch welche der Vf. auch diejenigen Südlinger zu gewinnen suchte, welche ihr Geschmacksurtheil täglich aus den Pariser Journalen schöpfen. So oder anders will er Hoch und Niedrig in Südfrankreich für die Muttersprache gewinnen, für die alte Nationalität, für die freie Entwicklung der occitanischen Nation und Sprache.

Mistral hat vollkommen recht, einen Antagonismus zweier Raçen zu sehn im Albigenserkriege, der die occitanische Unabhängigkeit vernichtete; [33] dieselbe Anschauung hatte Jahr und Tag zuvor in Toulouse Gatien-Arnoult ausgesprochen, der Professor der Philosophie, einst Bürgermeister daselbst und Volksvertreter, jetzt Secretär der dortigen Akademie und Herausgeber der Revue de la décen-

tralisation.[34] Mistral berichtet, der Wunsch der
Südländer sei gewesen, dass die Fusion mit dem
Norden nicht über den Bundesstaat hinausgehe.[35]
Er lässt Calendau von der provenzalischen Sprache
sagen: Du bist das Vaterland und du die Freiheit,[36] wie er den Catalanischen Dichtern zugerufen
hatte: Hat ein Volk seine Sprache, so hat es den
Schlüssel, der es von seinen Ketten befreit.[37] In
dem Hoch, das er bei dem Fest in San Roumié
im Herbst 1868 ausbrachte auf „Catalonien, unsre
Schwester, — Spanien, unsre Freundin, — Frankreich, unsre Mutter," bezeichnete er die Aufgabe
der provenzalischen Bewegung mit folgenden Worten:
„Wir wollen, dass unser Volk lerne, dass unsre
Väter sich immer als eine besondere Raçe betrachtet
haben. Wissen soll es, dass unsre Vorfahren sich
frei und mit Würde an das edle Frankreich an-
geschlossen haben; mit Würde, das heisst: seine
Sprache wahrend, seine Sitten und Bräuche, und
seinen nationalen Namen. Es soll wissen, unser
Volk, dass, als es gewollt hat, die Sprache, die
es spricht, die poetische und literarische Sprache
Europas gewesen, die Sprache der Liebe, der
heitern Kunst, der municipalen Freiheit, der Civi-
lisation. Siehe da, braves Volk, was wir dich
lehren wollen: nicht zu erröthen vor irgend wem
wie ein Besiegter, dich nicht zu schämen deiner
Geschichte, nicht zu schämen deines Vaterlandes,
deinen Rang wieder einzunehmen, deinen ersten
Rang unter den Völkern des Südens. Und wenn
jeder Provenzale und jeder Catalonier auf diese Art
seine Ehre wiedergewonnen, dann werdet ihr sehn,

wie unsre Dörfer wieder Städte werden, und, wo
jetzt nur der Staub der Provinz liegt, werdet ihr
die Künste sich aufschwingen, die Literatur wachsen,
grosse Männer erstehn sehn, werdet ihr eine Nation
in Blüthe sehn."[38] Es versteht sich, dass Mistral
vor allen Dingen darüber klagt, dass das Provenzalische in den Schulen streng verpönt ist.[39]

Vergessen wir nicht, zu bemerken: Mistral
trägt im Knopfloch das rothe Bändchen, das er
vom Kaiser angenommen, und hat dieser zum Ver-
brüderungsfest der Provenzalen und Catalanen zu
San Roumié eine goldene Medaille übersandt.[40]

Von einer Seite aber, von der man es am
wenigsten erwartete, ist die neueste Phase der
provenzalischen Bewegung angegriffen worden.
Die so eben mitgetheilten Auslassungen Mistrals,
sowie die damit stimmenden Allegorien, die man
in Calendau und in dem etwa gleichzeitig im Almanach von 1867 erschienenen Gedicht „die Gräfin"
erkannte, sind am lebhaftesten befehdet worden
von einem Provenzalen, einem Felibre, von dem
Manne, welchen der Dichter der Mirèio, wo er in
diesem Werk sich an den Kreis seiner Genossen
wendet, mit den Worten anredet: „Du endlich,
dessen Seele ein Flammenwind treibt, fortreisst
und peitscht, Garcin, glühender Sohn des Marschalls
von Alen." Eugen Garcin klagt Mistral des Atten-
tats gegen die französische Nationaleinheit an.[41]
Es gebe keine provenzalische Nation, und die
Trennung zwischen Süden und Norden von Frankreich würde ein Unglück für den Fortschritt sein.
Ueber seine Muttersprache führt er das, wie er

sagt, competente Urtheil von Elie Reclus an: sie
sei unfähig der Reflexion, des edelsten unsrer Attri-
bute.[42] „Mistrals Theorien," behauptet Garcin,
„machen den Legitimisten Hoffnung, denn sie
streiten für die alten Provinzialzustände; sie haben
andrerseits viel Verführerisches für die Republi-
caner, da sie den Bundesstaat anzustreben scheinen.
Deshalb schlägt sein System in der Provence, in
Catalonien Wurzel, selbst in den Cirkeln von Paris;
seine Gedanken werden Legion; aus diesem Grunde
ist's, dass wir auftreten, ihn zu bekämpfen."[43]
Paris ist Frankreich, sagt ausdrücklich auch Garcin,
Paris ist der geistige Heerd der Nation, und
Garcin freut sich dieser intellectuellen Centralisation,
während er die administrative als Despotismus ver-
wirft.[44] Jenen Kreuzzug des Nordens gegen den
Süden verwünscht auch er, und um so mehr, als
es ein Krieg gegen die Gewissensfreiheit war, und
als es die Häupter der Katholiken des Südens selbst
waren, die gegen ihr eignes Vaterland die Ver-
wüstung riefen.[45] Gern hebe ich einige Worte
aus, durch deren Wahrheitsgehalt manche Unüber-
legtheit[46] des interessanten Buches aufgewogen
wird. „In dieser Geschichte der Provence, welche
der Held Calendau erzählt, indem er hinaufsteigt
bis zu der Zeit, wo unsre Vorfahren, in Felle
gekleidet, roh, Barbaren, in den Felshöhlen hausten,
in dieser Geschichte hat der Pinsel des Dichters
nicht einen Strich gefunden für die Religionskriege,
welche die dramatischsten Bilder bieten, sein Geist
keine Bemerkung über die sittlichen Kämpfe, die
allein das Leben der Nationen darthun, sein Herz

keine Thräne des Mitleids für die Opfer, deren
Leichen jedes Jahrhundert anhäuft! Der Süden
hat den Weckruf erschallen lassen für die religiöse
und philosophische. Freiheit: weist Mistrals Patrio-
tismus diesen Ruhm zurück?"[47] Die Mahnung
ist nicht unverdient. Mistral rechnet mit Paris ab,
nicht mit Rom. Und Albert Arnavielle, der in
römischem Auftrag die Bulle von der Immaculata
conceptio in die Sprache der Cevennenstreiter übersetzt hat,[48] mag schon die Feder, aus der kürz-
lich seine „Morgenlieder" hervorgegangen sind,[49]
zur Hand nehmen, um alsbald auch das Dogma
der päpstlichen Unfehlbarkeit den unterwürfigen
Occitaniern zu verdolmetschen. „Seltsame Wendung der Geschichte!" ruft ein Mitarbeiter der so
eben in Montpellier ausgegebenen Revue des langues romanes aus,[50] „das Papstthum, das unter
Innocenz III. so viel beigetragen zu den politischen
Katastrophen, die den Verfall der langue d'oc her-
beigeführt haben, ist zu unserer Zeit die einzige
Autorität, die dieser Sprache amtlich noch ihren Rang
wahrt bei allen Sprachen der Erdbewohner." Es
ist indessen nur zu gewiss: auf keine andere Weise
könnte die occitanische Bewegung sich in der öffentlichen Achtung der Nationen sicherer und schneller
zu Grunde richten, als dadurch dass sie ihr Geschick
an das von Rom bände. Auch den infallibeln
Anathemen gegenüber möchten wir wieder Guillem
Figueira's tapfre Klänge hören. Mistral, der in der
Fülle seiner Kraft steht, hat aber auch noch nicht
sein letztes Wort gesagt, noch nicht seinen letzten
Vers gedichtet; und wie wenig er sich in occita-

nischen Particularismus eingesponnen, wie sehr er
die Solidarität der Freiheitsbestrebungen aller
Nationen erkannt hat, bekunden schon seine Worte
in den Versen an die catalonischen Troubadours [51]:

> Es kehrt, ich sag es euch, dereinst, o schönstes Glück!
> der alten Freiheit Hort allüberall zurück,
> nur Liebe ruft zur Bundesfeier!
> Und zeigt doch irgendwo die Klauen ein Tyrann,
> die Völker alle stürmen an
> und jagen fort den schwarzen Geier!

Ich werde den schönen Tag nicht vergessen —
es ist gerade ein Jahr her —, den ich mit Roumanille und Jan Brunet, dem Felibre, bei Mistral
verlebte. Es war zur Zeit der Mandelblüthe, am
Jahresfest der Patronin des Ortes, S. Agathe.
Nachdem die trefflichen Dorfmusiker den Kücken-
schen Marsch gespielt, an dessen Melodie Mistral
seinen Sonnengesang angepasst hat, jetzt dort ein
beliebtes Volkslied, brachte unser Wirth in feurigem
Provenzerwein ein Hoch aus auf „das freie grosse
Deutschland." Nicht Politik wollten wir treiben;
so fanden wir uns nicht getrennt durch den Gegen-
satz der Staaten, sondern fühlten uns vereint durch
das frische Aufleben und Aufstreben unserer beiden
Nationen. Was ich damals dort ausgesprochen,
das wünschte ich auch durch diesen Vortrag an den
Tag zu legen und hervorzurufen, warme Sympa-
thie für die schöne provenzalische Renaissance.

Anmerkungen

und

Provenzalische Texte.

I. Anmerkungen.

1) Richard Böckh: Die statistische Bedeutung der Volkssprache als Kennzeichen der Nationalität. Heft 3 des vierten Bandes der Zeitschr. für Völkerpsychologie und Sprachwissenschaft, Berlin 1866. Ders.: Der Deutschen Volkszahl und Sprachgebiet in den europäischen Staaten, Berlin 1869.

2) Böckh statist. Bedeut. S. 375 f.

3) So sagte noch Anfang December 1869 im Corps législatif Mr. Dréolle: Vergessen Sie nicht, dass im dritten Bezirk des Oberrheins die meisten Wähler nur Deutsch lesen und schreiben, und kaum andere als die gothischen Buchstaben kennen.

4) Dieser letzte Ansatz ist noch um die Hälfte geringer als derjenige, den wir in einem im Jahr 1868 vom französischen Unterrichtsminister veröffentlichten Bericht finden über die Fortschritte der schönen Literatur in Frankreich. Theophile Gautier, einer der Berichterstatter, sagt dort, indem er über den berühmtesten neuprovenzalischen Dichter spricht: Mistral a ce malheur d'être un grand poëte dans un idiome qui n'est entendu que par un public restreint. Ce malheur, il faut le dire, ne l'afflige pas beaucoup, car, selon lui, le français n'est compris que dans huit ou dix départements du centre. Dans une trentaine d'autres, on parle le basque, l'espagnol. le celte, l'allemand, le wallon, l'italien, sans compter les patois, tandis que le provençal ou la langue d'oc compte pour elle quinze millions d'hommes. Gautier äussert weiter nichts über diese Angabe, die ihm indessen, sofern man aus dem Wort public restreint schliessen darf, als erheblich zu hoch gegriffen erschienen sein wird. Uebrigens hat er die richtige Ansicht von dem Sprachverhältniss zwischen Französisch und Provenzalisch; er sagt: La France du Midi a pour langue maternelle la langue d'oc ... Cette langue, qui ne s'est pas fondue dans le français comme la langue

d'oïl et demeure fidèle à son antique origine... Recueil
de rapports sur les progrès des lettres et des sciences en
France. Rapport sur les progrès des lettres par MM.
Sylvestre de Sacy, Paul Féval, Théophile Gautier et Éd.
Thierry. Paris 1868. S. 132 f. — Der Armana prouvençau
für 1863 S. 29 zählt in „dreissig Departements, welche die
Langue d'oc sprechen," 10,191,554 Bevölkerung. — Böckh,
der Deutschen Volkszahl S. 196, sagt: bei Abrechnung der
Occitaner, die vielleicht richtiger als selbständige Nation
zu betrachten seien, würde die französische Nation in An-
sehung ihrer Volkszahl innerhalb Europas der italienischen
und der englischen ungefähr gleichstehen. Diese gibt er
Tabelle X auf nahezu 29½ Millionen an, das Königreich
Italien auf 24,332,000. 24½ Mill. Franzosen bleiben nach
Abzug der von mir im Text aufgezählten 13 Mill. anderer
Nationalitäten Frankreichs.

5) Die Linie folgt zunächst der Nordgrenze des Dép.
Gironde; dann steigt sie etwa von der Südspitze des Dép.
Charente nördlich auf und schneidet von demselben ein
westliches Stück ab, die Städte La Rochefoucauld und
Confolens berührend. Nunmehr überschreitet sie die Ost-
grenze des Dép. Haute Vienne, erreicht in demselben bei
Bellac die Gartempe und geht an dieser (oder dem Höhen-
zug ihres rechten Ufers) entlang bis mitten in das Dép.
Creuse. Dort wendet sie sich von Maisonisse südlich nach
St. Hilaire, wo sie den Thorion trifft, an dem sie bis zur
Quelle aufsteigt. Sie folgt dann der Nordgrenze von Dép.
Correze, folgt in nördlichem Bogen den Grenzen des Dép.
Puy de Dome, und geht von dessen Südostspitze ostwärts
an die französische Grenze. Vgl. die Einleitung von Émile
Ruben zu J. Foucaud's Poésies en patois limousin, Paris,
Didot, 1866. — Die möglichst genaue Aufnahme der Grenzen
nicht nur gegen das Französische, sondern auch zwischen
den verschiedenen Dialekten wäre eine würdige Aufgabe
für die Gesellschaft, die sich vor einem Jahr in Montpellier unter dem Präsidium des Professor Cambouliu gebildet
hat zum Behuf insbesondere des Studiums der Sprache Südfrankreichs, der alten und der gegenwärtigen. Der eifrige

Secretär der Gesellschaft. H. Achille Montel, hat Anlass und Ziel derselben in einem Artikel: La littérature romane in dem zu Montpellier erscheinenden Messager du midi, 21. Febr. 1869, besprochen. Das erste Heft der Revue des langues romanes publiée par la société pour l'étude des langues romanes ist im Januar 1870 ebenda und in Paris erschienen. Leider hat dasselbe den Tod des trefflichen Cambouliu zu berichten, der auch in weiteren Kreisen durch seinen Abriss der Geschichte der catalanischen Literatur bekannt war.

6) Womit nicht gesagt ist, dass die Leute der verschiedenen Dialekte einander ohne Weiteres verstehn.

7) Vgl. das Schriftchen von Ch. de Tourtoulon: Renaissance de la littér. catalane et de la littér. provençale. Les fêtes littéraires internationales de 1868. Toulouse 1868.

8) Unter ihnen Paul Meyer, der Mitherausgeber der Pariser Revue critique, der an der Rhone nicht minder zu Hause ist als an der Seine.

9) La rampelado de Louis Roumieux (de Nimes). Em' un avans-prepaus pèr J. Roumanille. 1846—1868. Avignoun, Roumanille 1868. P. 381 f.: Li Felibre en Catalougno. Der Vf. hat ebenda 1862 eine Komödie in provenz. Sprache erscheinen lassen: Quau vòu prendre dos lèbre à la fes, n'en pren ges.

10) J. B. Noulet: essai sur l'hist. littér. des patois du midi de la France aux XVI et XVII s. Paris, Téchener 1859. Appendice bibliographique zählt 471 Publicationen in jenen Patois aus jener Periode auf. — Ueber die Fabeldichter nach Lafontaine (auch unter Einwirkung Lessings) s. Ruben's oben angeführte Einleitung zu Foucaud. — In den öffentlichen Bibliotheken Südfrankreichs fand ich die zahlreichste Sammlung neu-occitanischer Drucksachen im Musée Calvet zu Avignon, das ein paar hundert Bände derart besitzt. Mr. Saturnin Léotard, Bibliothekar am Musée Fabre zu Montpellier, sprach mir seine Absicht aus, eine Bibliographie der in der Volkssprache jener Landschaft erschienenen Literatur herauszugeben.

11) Zuletzt erschienen Paris, Didot 1860, mit französischer Uebersetzung und Porträt. Die Arbeitswoche eines Sohnes, in dieser Ausgabe der Papillotos S. 463 f., theilt A. Boltz in seinen Beiträgen zur Völkerkunde, 1868, S. 217, mit, in einer deutschen Uebersetzung von J. W. (Wollenberg?)

12) Unter denen, welche durch Jansemin's Erfolg auf die Bahn der Volksdichtung gezogen wurden, ist der wackere Lucian Mengaud hervorzuheben, der noch jetzt in Toulouse seine Lustspielchen beklatschen hört. Einige behaupten, sagte vor zwei Jahren ein Toulouser Blatt, Mengaud habe seine sechzig Jahre; aber glaubt das nicht, die Wahrheit ist: er hat dreimal zwanzig. (La petite gazette de Toulouse. 8 déc. 1867. Mit Mengaud's humoristischem Porträt.) Geboren in dem Departement, dessen Hauptstadt Albi ist, wurde er zuerst Goldschmied, die Poesie führte ihn dann auf's Theater, aber der Beifall, den er als Schauspieler erntete, fesselte ihn nicht, er wurde Journalist und zwar Kunstkritiker, dann Landschaftsmaler, und seine Bilder erreichten mehrmals Auszeichnung auf den Pariser Ausstellungen. Auch die Musik übt der vielseitige liebenswürdige Mann. Seine nichtdramatischen Gedichte haben vier Auflagen erlebt: Rosos et pimpanélos. Avec traduction en vers franç. 4e éd. Toulouse, Bompard 1866.

13) Las castagnados. 2e éd. Alais 1851. Ohne Uebersetzung. In derselben Mundart: Albert Arnavielle: Lous cants de l'aubo. Avec trad. frç. Nimes 1868. worin unter Anderm schöne Verse an die Muttersprache und an den Marquis.

14) Lis oubreto en vers. 3e ed. Avignoun, Roumanille 1864, p. 319 f. In diesen Oubreto auch Roumanille's Weihnachtslieder in da zu Lande sehr beliebter Manier, der jeder Dichter dort seinen Tribut bringt. Ebenda erschienen in demselben Jahr in neuer Auflage seine Oubreto en proso, mit des Vf. Porträt. Seinen „Arzt von Cucugnan," Armana prouvençau 1868 p. 61—65, hat Alphonse Daudet in's Französische übersetzt; diese Uebers. ist abgedruckt in der Bibliothèque choisie, vol. 924, Naumburg 1868.

15) Vgl. über die crèches: Deutsche Vierteljahrsschrift 1869, Heft 3, S. 63 f.

16) Revue des deux mondes, 1859, 15. Oct., p. 814 f.
Das Gedicht ist auch in Pèlerinage de Mireille (s. unsre
Anm. 22) ausgehoben mit französischer Uebersetzung.

17) Oubreto en vers, p. 109 f. Aus dem Jahre 1852.

18) Zwei Gedichte daraus hat Moritz Hartmann übersetzt in seinem „Tagebuch aus Languedoc und Provence,"
zweiter Band, 1853; Roumanille's Zwei Serafim S. 169
(Oubreto en vers, p. 92; Hartmanns Uebers. das. p. 333),
und Aubanel's gleich zu erwähnenden Büttel S. 171. —
K. Bernh. Stark sprach über diese Sammlung Li Provençalo
in seinem Buch: Städteleben, Kunst und Alterthum in
Frankreich. Jena 1855. S. 84 f.

19) Vgl. Hartmann a. a. O. S. 226 f.

20) S. 30 f. der gesammelten Dichtungen Aubanel's:
La mióugrano entreduberto. Avignon, Roumanille 1860.
Mit französ. Uebers. und mit Vorwort von Mistral. — Ver-
schiedene Stücke der Mióugrano, darunter Dins li pradoun
S. 72 f. und La femo se giblo S. 104 f. hat Boltz übersetzt, a. a. O. S. 224 f. Er lässt den Dichter an gebroche-
nem Herzen in ein frühes Grab gesunken sein, indessen ist
derselbe, wie ich aus persönlicher Bekanntschaft weiss, in
rüstiger Thätigkeit, auch glücklich verheirathet.

21) Armana prouvençau 1863 p. 108 f.: estatut dóu
felibrige.

22) 4e éd. Paris, Charpentier 1865 mit gegenüber-
stehender französischer Prosaübersetzung. Es giebt zwei
englische Uebersetzungen. — In Anmerkungen zu Mirèio
verweist Mistral mehrfach auf geschichtliche Werke eines
andern Felibre Jules Canonge in Nimes; auch dieser, als
französischer Dichter längst hochgeschätzt, hat neuerlich
eine Dichtung in seiner Muttersprache geschrieben: Bruno -
la - Bloundo o la gardiano dis Aliscamp, 2. ed. Avignoun,
Roumanille 1868 mit französ. Uebers. — Empfehlenswerth
sind die Reiseskizzen: Le pèlerinage de Mireille. Portraits
et paysages de la Provence par A. Lexandre. Paris, Michel
Lery 1864. Vgl. auch G. H. Schubert's Reise nach dem
südl. Frankreich. 2. Aufl. Bd. 1. 1853. S. 142 f.

23) Cours familier de littérature, 40e entretien, 1859.

24) Si quâ fata aspera rumpas,
tu Marcellus eris. Virgil. Aen. 6, 883 sq.

25) Cansons de la terra. Cants populars catalans,
col-lectionats per Francesch Pelay Bris y Candi Candi.
vol. I. Barcelona 1866. S. 125 f. Mit Musiknoten. Die
in Mirèio gegebene Melodie ist eine andre, und von beiden
verschieden ist eine der ersten Ausgabe mitbeigegebene.

26) Garcin: Les français du nord et du midi, Paris
1868, S. 379 f.

27) Vgl. Acta sanctor. Bolland. 22. Julii p. 213 sq.

28) Avignon, Roumanille. Provenz. u. franz. Mit
des Vf. Porträt.

29) Diese Strophe Mistrals ist nicht ganz seine Er-
findung. Die Zeilenzahl, die Reimfolge, die Stelle der
männlichen und weiblichen Reime findet sich in Paouro
Janéto vom Marquis de la Fare-Alais, Castagnados 1851,
S. 195 f.; auch in desselben Gedicht an Jasmin, das.
S. 165 f. (und ebenso in einem französ. Gedicht des Marquis
S. 371 f.), als zweiter Theil einer längeren Strophe, deren
weibliche Verse ganz die Länge der Mistralschen haben.
Mistral hat die beiden männlichen Verse zu Alexandrinern
verlängert, und dadurch epische Ruhe in die kraftvoll auf-
steigende Bewegung gebracht.

30) Revue des deux mondes, 15. Oct. 1859, S. 838 f.
und 1. Avril 1867, S. 769.

31) Mr. Gaston Paris schreibt im Jahrbuch für roma-
nische und englische Literatur, Band 3, Berlin 1861, S. 15:
... les qualités qu'elle a conservée de son ancienne splen-
deur ne font pas qu'elle soit aujourd'hui la langue des gens
cultivés du pays où elle vit encore, et qu'elle soit propre
à exprimer jamais autre chose que des scènes et des
tableaux empruntés aux classes inférieures, à la vie de
campagne: il en est de même des patois allemands, qui
ajoutent tant de charme aux idylles de Hebel ou de Klaus
Groth, mais qui ne sauraient se prêter à des compositions
d'un autre genre. Je ne crois donc pas à! la possibilité
de l'entreprise tentée par M. Mistral, et j'y crois d'autant
moins que, heureusement ou malheureusement, la centra-

lisation de la France et la facilité des communications auront fait disparaître d'ici à un siècle les derniers vestiges de la langue qu'il s'efforce de ressusciter . . . . (Vor dem Erscheinen der Mirèio schrieb Hartmann a. a. O. S. 148: „Eine grosse Productionskraft könnte dem aussterbenden Romano - Provençalischen vielleicht für einige Zeit das Leben fristen — aber diese fehlt." Vgl. 108. 200.) Mr. Paris bemerkt am Schluss, S. 16: Mirèio a eu deux éditions en peu de temps, et a valu à son auteur une réputation qu'il mérite, mais qu'il n'aurait pas obtenue si promptement en écrivant dans la langue de tout le monde. Das Verhältniss der Sprache Mistrals zu der langue de tout le monde zu parallelisiren mit demjenigen der genannten deutschen Dichter zur deutschen Nationalliteratur ist ein doppelter Missgriff. Denn erstens, während Plattdeutsch und Hochdeutsch beide Deutsch sind, ist die langue d'oc eine andere Sprache als die langue d'oïl (wie Mr. Paris besser weiss als viele Andere), und zweitens schreibt Mistral eben nicht schlechtweg den Dialekt, sondern ein Vulgare illustre. — Paul Meyer bemerkt, bibliothèque de l'école des chartes, sixième série, t. 5, Paris 1869, p. 247. 248, in Bezug auf Südfrankreich: dans les classes supérieures mêmes, l'emploi du français comme idiome courant de la conversation ne remonte pas à plus d'un siècle ou un siècle et demi . . . . Aussi, pourrait-on' dire que, malgré les siècles écoulés depuis l'annexion des pays de langue d'oc à la France, la formation et l'expansion d'une littérature originale dans les provinces du Midi ont plus de chances de réussite aujourd'hui qu'au XIVᵉ siècle.

32) Was zur Musikwissenschaft gehört, kommt mit Leichtigkeit zum Ausdruck in der hübschen Schrift des Felibre Franz Vidal über Tambourin und Flöte: Lou tambourin, mit französ. Uebers. und mit Musiknoten, Aix und Avignon.1864.

33) Calendau, Anmerkung 2 zu Gesang 1.

34) . . . elle [cette guerre] avait présenté la continuation de la lutte des hommes du nord et de la langue d'oïl contre les hommes du midi et de la langue d'oc, lutte

acharnée de deux races ou, comme on dirait aujourd'hui,
de deux nationalités. De l'université de Toulouse à l'époque
de sa fondation en 1229. Première leçon de cours de philosophie à la faculté des lettres de Toulouse faite le 5. déc.
1865 par A. F. Gatien - Arnoult. P. 4. Auch de Tourtoulon in seinem Jacme I, prem. partie 1863 (das Buch
ist mir gegenwärtig nicht zugänglich) erblickt im Albigen-
serkrieg die Rivalität zweier Raçen. Weder Mistral noch
F. Garcin erwähnen diese Uebereinstimmungen. — Gatien -
Arnoult's Revue, La Minerve de Toulouse, wünscht eine
Ligue de décentralisation méridionale, und erklärt zugleich,
dass sie sich freuen wird, wenn die nördlichen Departements des gemeinsamen Vaterlandes sich dieser Bewegung
anschliessen. Prospectus vom December 1868 p. XI f.

35) Calendau, Anm. 2 zu Gesang 1.

36) chant 4, p. 156.

37) Armana prouv. 1862, p. 30.

38) Armana prouv. 1869, p. 84.

39) S. seine Vorrede 1868 zu den Parpaioun blu von
William Bonaparte - Wyse, dem Irländer, der provenzalisch dichtet.

40) Armana prouv. 1869, p. 84.

41) Les Français du nord et du midi. Paris, Didier
1868. — Dess. Croisade du Provençal contre le Français.
Extrait de La revue moderne. Paris 1869. — Dess. Artikel
in Le nouvelliste, Marseille, Nummer des 21. Januar 1869.

42) Franç. du nord p. 294.

43) Croisade p. 6.

44) Franç. du nord p. 447.

45) Das. 440.

46) Die linguistische Partie des Buches entzieht sich
völlig der Kritik.

47) Das. 52.

48) Armana prouv. 1869, p. 7.

49) s. oben Anm. 13.

50) p. 70.

51) Armana prouv. 1862, p. 29.

II. Provenzalische Texte.

Zu S. 7.

Li Crècho.

I.

Dintre li vòu de serafin,
Que Diéu a fa pèr que sèns fin
Canton, ébri d'amour: — Glòri! glòri au Paire!
Dins lou bonur dóu paradi,   ·
— Un pamens, i'a de fes, liuen dis urous cantaire,
S'enanavo apensamenti.

E soun front blanquinèu vers la terro penjavo
Coume lou d'uno flour qu'a gens d'aigo, l'estiéu;
De mai en mai revassejavo.
Se lou làngui, quand sias dins la glòri de Diéu,   ·
Poudié tranca lou cor, diriéu
Qu'aquéu bèl ange s'enuiavo.
De-que revassejavo ansin, e d'escoundoun?
Perché n'èro pas. de la fèsto?
Soulet dis ange, perqué dounc,
Coume s'avié peca, beissavo-ti la tèsto?

II.

Velou qu'i pèd .de Diéu vèn de s'ageinouia!...
De-que vai dire? que vai faire?
Pèr lou vèire e l'ausi, si fraire
Arrèston soun alleluia:

III.

— Quand Jeuse, voste fiéu, plouravo,
Qu'èro de la fre tout doulènt,
Dins la jasso de Betelèn,
Es moun rire que l'assoulavo,
Es moun alo que l'acatavo;
L'escaufave de moun alen.

Desempièi, o moun Diéu! quand un enfantet plouro,
Dins moun cor pietadous sa voues vèn restounti.
Vaqui perqué moun cor se doulouiro à touto ouro,
Vaqui perqué, Segnour! siéu apensamenti.

Sus la terro, o moun Diéu! ai quaucarèn à faire:
Leissas-me ie mai davala.
S'atant d'enfantounet, pàuris agnèu de la!
Que, tout enfrejouli, fan que se desoula,
Liuen dóu mamèu e liuen di poutoun de si maire!...
Dins de membre caudet li vole recata,
Li coucha dins de brès e li bèn acata;
Li vole atitoula, n'en èstre lou bressaire...
Vole qu'en liogo d'uno, agon tóuti vint maire
Que lis endourmiran quand auran proun teta!

IV.

E dóu cor e di man lis ange aplaudiguèron...
Lis estello de Diéu dins li cèu tresanèron!
E lèu, espandissènt sis alo, — d'eilamount,
Proumte coume l'uiau, davalè l'angeloun.
Eiçavau, sout si pèd li camin flouriguèron,
E li maire trefouliguèron!
E li *Crècho* se durbiguèron
Pertout ounte passè l'ange dis enfantoun!

Zu S. 9.

— Quand la roso èi flourido,
Fau que siegue culido...
Ah! ah!
Couifo-me bèn, Dideto,
Lanla!
E siegues pas pateto.
D'aut! d'aut! tambourin,
Boutas-vous en trin!

Despachen-nous, Gatouno,
Mete-me ma courouno.
Ah! ah!
Vai lèu vèire, Melìo,
Lanla!
Se lou curat s'abiho.
D'aut! d'aut! u. s. w.

Coume atroves, Nourado,
La crous que m'a dounado?
Ah! ah!
Ah! que vai èstre bello,
Lanla!
Su'n fichu de dentello!
D'aut! d'aut! u. s. w.

— Lou capèu sus l'auriho,
Lou nòvi vers sa mìo,
Ah! ah!
Vèn, e se fan bouqueto.
Lanla!
E pièi uno babeto...
D'aut! d'aut! u. s. w.

Contro la chaminèio,
La grand, urouso vièio,
Ah! ah!
Tout en disènt sis ouro,
Lanla!
De joio ris e plouro.
D'aut! d'aut! u. s. w.

An atuba li cierge
A l'autar de la Vierge,
Ah! ah!
An! parten pèr la messo,
Lanla!...
— Que la nòvio èi bèn messo!!
D'aut! d'aut tambourin,
Boutas - vous en trin!

Zu S. 11.

Vous, tant urouso
A voste oustau,
Èstre amourouso
D'un espitau!
Partès, pecaire!
Partès deman!
E lou troubaire
. Se plan.

Vous, nosto joio
E nosto amour,
Vous,' la belloio
De nòsti jour,
Vous, adourado,
Ana au couvènt!...
Sarés plourado
Souvènt!

Voste vièi paire
Que devendra?
Dins soun mau - traire
N'en mourira!
Ah! l'avéusage
Ei tant marrit,
En aquel age,
Zani!

Plus ges de femo,
Plus ges d'enfant!
Que de lagremo,
A si vièis an!
Èi pas de faire,
Oh! vè! resta!
Pèr voste paire,
Pieta!

Zu S. 15.

O Magali, ma tant amado,
Mete la tèsto au fenestroun!
Escouto un pau aquesto aubado
De tambourin e de vióuloun.

Èi plen d'estello, aperamount!
L'auro es toumbado,
Mai lis estello paliran,·
Quand te veiran!

Pas mai que dóu murmur di broundo
De toun aubado iéu fau cas!
Mai iéu m'envau dins la mar bloundo
Me faire anguielo de roucas.

— O Magali! se tu te fas
Lou pèis de l'oundo,
Iéu, lou pescaire me farai,
Te pescarai!

— O! mai, se tu te fas pescaire,
Ti vertoulet quand jitaras,
Iéu me farai l'aucèu voulaire,
M'envoularai dins li campas.

— O Magali, se tu te fas
L'aucèu de l'aire,
Iéu lou cassaire me farai,
Te cassarai.

— I perdigau, i bouscarido,
Se vènes, tu, cala ti las,
Iéu me farai l'erbo flourido
E m'escoundrai dins li pradas.

— O Magali, se tu te fas
La margarido,
Jéu l'aigo lindo me farai,
T'arrousarai.

— Se tu te fas l'aigueto lindo,
Iéu me farai lou nivoulas,
E lèu m'enanarai ansindo
A l'Americo, perabas!

— O Magali, se tu t'envas
  Alin is Indo,
L'auro de mar iéu me farai,
  Te pourtarai!

— Se tu te fas la marinado,
Jéu ugirai d'un autre las:
Jéu me farai l'escandihado
Dóu grand soulèu que found lou glas!

— O Magali, se tu te fas
  La souleiado,
Lou verd limbert iéu me farai,
  E te béurai!

Se tu te rèndes l'alabreno
Que se rescound dins lou bertas,
Iéu me rendrai la luno pleno
Que dins la niue fai lume i masc!

— O Magali, se tu fas
  Luno sereno,
Iéu bello nèblo me farai,
  T'acatarai.

— Mai se la nèblo m'enmantello,
Tu, pèr acò, noun me tendras;
Iéu, bello roso vierginello,
M'espandirai dins l'espinas!¹

— O Magali, se tu te fas
  La roso bello,
Lou parpaioun iéu me farai,
  Te beisarai.

— Vai, calignaire, courre, courre!
Jamai, jamai m'agantaras.
Iéu, de la rusco d'un grand roure
Me vestirai dins lou bouscas.

— O Magali, se tu te fas
    L'aubre di moure,
Iéu lou clot d'èurre me farai,
    T'embrassarai!

— Se me vos prene à la brasseto,
Rèn qu'un vièi chaine arraparas . . .
Iéu me farai blanco moungeto
Dóu mounastié dóu grand Sant Blas!

— O Magali, se tu te fas
    Mounjo blanqueto,
Iéu, capelan, counfessarai,
    E t'ausirai!

— Se dóu couvènt passes li porto,
Tóuti li mounjo trouvaras
Qu'à moun entour saran pèr orto,
Car en susàri me veiras!

— O Magali, se tu te fas
    La pauro morto,
Adounc la terro me farai,
    Aqui t'aurai!

— Aro coumence enfin de crèire
Que noun me parles en risènt:
Vaqui moun aneloun de vèire
Pèr souvenènço, o bèu jouvènt.

— O Magali, me fas de bèn!...
    Mai, tre te vèire,
Ve lis estello, o Magali,
    Coume an pali!

Zu S. 20.

Pèr la grandour de remembranço
Tu que nous sauves l'esperanço;
Tu que dins la jouinesso, e plus caud e plus bèu
Mau - grat la mort e l'aclapaire,
Fas regreia lou sang di paire;
Tu qu'ispirant li dous troubaire
Fas pièi mistraleja la voues de Mirabèu!

Amo de - longo renadivo,
Amo jouiouso e fièro e vivo,
Qu'endihes dins lou brut dóu Rose e dóu Rousau!
Amo di séuvo armouniouso
E di calanco souleiouso,
De la patrìo amo piouso,
T'apelle! encarno - te dins mi vers prouvençau!

Zu S. 28.

E veiren, iéu vous dise, à la mendro ciéuta
Redescèndre, o bon ur! l'antico liberta
E l'amour soul jougne li raço;
E quouro que negreje uno arpo de tiran,
Tóuti li raço boumbiran
Pèr coussaia la tartarasso!

Was die Aussprache des Provenzalischen betrifft, für welches die Felibre ein wohlüberlegtes orthographisches System zur Geltung gebracht haben, so sind folgende Abweichungen vom Französischen hervorzuheben. — Die einzigen Fälle, in denen ein einzelner Vocal durch zwei Buchstaben ausgedrückt wird, sind *ou* und *eu*, die wie im fzs. einfach lauten; *eu* kommt aber höchst selten vor *(Jeuse)*. Sehr reich ist das Provenzalische an Diphthongen und Triphthongen. In jenen hat der erste Vocal die stärkere Betonung, wenn der zweite *i* oder *u* ist; dagegen wenn der zweite *a* oder *e* oder *o* ist, hat dieser mehr Ton. In den Triphthongen wird der mittlere Laut stärker betont. *I* zwischen Vocalen macht stets den Anfang einer Silbe *(Mirèio.)* *U* lautet unmittelbar hinter anderm Vocale wie ital. *u*, sonst wie frz. *u*. Entsprechend der frz. Unterscheidung von *é* und *è* wird provenz. auch *ó* und *ò* geschrieben, und demgemäss auch in Verbindungen: *óu, òu*. *E* ohne Accent soll gleich *é* lauten. Auch vor palatalem *n*-Laut behalten *e* und *i*, anders als im Frz., ihren eigentlichen Laut, also *vin* ist nicht wie im Frz. zu sprechen, ebenso *Prouvènço* nicht wie im Frz. mit *a*-Laut, sondern mit *è*. Die auslautenden *a* und *i* und *u* haben in der Regel den Wortton *(armana, Magali)*, Ausnahmen werden durch Accentzeichen bemerklich gemacht *(susàri)*. — Hinsichtlich der Consonanten ist zu beachten, dass *g* vor *i* und *e*, und überall *j* die Geltung von frz. *dz* haben, und *ch* die von frz. *ts*. (In dem Avis sur la prononciation vor Mirèio heisst es: *Ch* se prononce *ts*, comme dans le mot espagnol *muchacho*. Ainsi *charra, machoto, chima*, se prononcent *tsarra, matsoto, tsima*. Diese Bemerkung enthält einen Irrthum. Die gültige span. Aussprache von span. *ch* wäre frz. durch *tch* wiederzugeben, dagegen Mistral und Roumanille sprechen, wie man in ihrer Heimath spricht, provenzalisches *ch* allerdings mit den Lauten, die frz. durch *ts* zu bezeichnen wären). Die End-*t* sind in der Literatur der Felibre gewöhnlich stumm, auch spricht man das Negationscomplement dort allgemein *pa*, wenngleich man *pas* schreibt.

Halle, Buchdruckerei des Waisenhauses.